Hieronymus A. Mertens

Über den päpstlichen Besuch der Augsburgischen Stadtbibliothek

Hieronymus A. Mertens
Über den päpstlichen Besuch der Augsburgischen Stadtbibliothek
ISBN/EAN: 9783743368897

Hergestellt in Europa, USA, Kanada, Australien, Japan

Cover: Foto ©Lupo / pixelio.de

Manufactured and distributed by brebook publishing software (www.brebook.com)

Hieronymus A. Mertens

Über den päpstlichen Besuch der Augsburgischen Stadtbibliothek

Ueber

den

Päpstlichen Besuch

der

Augspurgischen

Stadtbibliothek

den 4. May, 1782.

von

M. Hieronymus Andreas Mertens,

Bibliothekar.

Zweyte sehr veränderte Ausgabe.

Audiatur et altera pars.

1783.

Antwort
auf das
Sendschreib
an einen Freund
über die Anrede
des
Herrn Rektor Mertens,
in Augspurg
an Pius VI. ꝛc. ꝛc.

vom Jahre 1782 in 8vo ohne Druckort, und ohne Namen des Verfassers.

Mein guter Herr Gegner,

Wir sind doch wahrscheinlicher Weise so Leute, die, wenn sie sich kenneten, einander nach und nach die Hände reichen möchten. Einem Menschen, der nur Stärke im Schimpfen gegen mich zu zeigen bemüht gewesen wäre, würde ich, bey der mir ohnehin sehr eingeschränkten Zeit, nicht geantwortet haben: aber es mit einem Manne von gutem Kopfe, und welches noch mehr ist, von nicht bösem Herzen, wie es so scheint, zu thun zu haben, ist, wie mich dünkt, keine Verunehrung. Die Meinungen der Menschen können nicht immer übereinstimmen, und in der menschlichen Natur gänzliche Einförmigkeit suchen, heißt sie nicht kennen. Dies mag so seyn; wenn man nur die Absicht nicht hat, einander zu verläumden, und zu verfolgen. Wer aber dies thut, hat seinen Lohn dahin. Sie, mein Herr, wollen in Ihrer Schrift keinen persönlichen Haß wider mich gezeigt haben, ob Sie gleich ohne lautern Beruf, in einer wahren Kleinigkeit, wider mich geschrieben haben: ich meines Theils kann in meinem Herzen noch weniger persönlichen Haß wider Sie tragen, weil ich Sie von Person zur Zeit nicht kenne, ob ich gleich aus zureichenden Gründen wider Sie schreibe. Dank sey Ihnen jedoch gesagt, daß Sie mir eine dringende, obgleich keine angenehme Gelegenheit gegeben

ben haben, den päpstlichen Besuch der augspurgischen Stadtbibliothek, wovon der armselige Neid und die verborgene Ränkesucht viel über die Ecke ins Feld hinein geplaudert und gelästert haben, in ein helleres Licht zu setzen, und die Unwahrheiten, die bey dergleichen Fällen, durch die einfältige und boshafte Sage, wie Unkraut, ausgestreuet werden, und die durch feindselige Correspondenzen auch in ferne Oerter wider mich hinausgeschrieben worden sind, so viel möglich, aufzuheben. Das feinere Publikum verdient diese Achtung, besonders das Augspurgische, welches ich nicht nur hoch schätze, als meine Vaterstadt; sondern welchem ich seit 16 Jahren, nach allen meinen Kräften, auch mit Aufopferung eines Theils meiner Gesundheit, bemüht gewesen bin, gute, verträgliche Christen, und aufgeklärte, fleißige Bürger erziehen zu helfen. Dabey mußte aber oft Wahrheit gesprochen werden: und dies ist Eine Quelle meiner Feinde. Sie haben Ihrem vorgegebenen Freunde vieles berichtet, das Sie, wie andere Leute, vom Hörensagen, von niedrigdenkenden, und mir gramen Menschen zusammengeraft haben. Wie kann sich ein Mann, der Bibelkenntniß hat, von solchem Strome hinreissen lassen! Der Ton Ihrer Schrift ist, wie die Anhänger Ihrer Philosophie sich einbilden, nicht hitzig; aber doch verläumderisch und gallenbitter, zumal wenn Sie von Pius dem VI reden, gegen welchen Sie öfters den Respect aus

den

den Augen gesetzet haben, den man allen hohen Häuptern schuldig ist. Ihrer Consequenzenmacherey — der gemeine Mann nennet es Schraubenmacherey — fehlt der richtige Gang der Vernunftlehre, und die Uebung in den sogenannten dilemmatischen Schlußarten. — Den apagogischen Weg, wie man ihn in der Vernunftlehre nennet, würden Sie, nach Ihrem Temperament, gerne eingeschlagen haben; aber es will Ihnen nicht gelingen. Daher vergeht dem Gegner zuweilen die Lust zur Widerlegung: und oft muß man mit dem Ausruf schließen: δοτε μοι λεκανην! (Diese Feinheit mag hier griechisch stehen.) Sie haben an die Billigkeit des Naturgesetzes: Was du nicht willst, daß dir geschehe, das sollst du auch einem Andern nicht thun, selten, im Grunde gar niemals, gedacht. Den Splitter in ihres Bruders Auge sehen Sie scharf, ob Sie aber auch den Balken in Ihrem Auge wahrnehmen: ist eine andere Frage? Möchten Sie Sich lieber gewöhnen, die Menschen und ihre Handlungen im heitern Sonnenscheine der Liebe und der Gutmüthigkeit anzusehen, als in dem finstern und unfreundlichen Schatten, den Argwohn, Partheygeist und Intoleranz auf jeden Charakter wirft: so würden Sie Ihrem Herzen mehr Ehre gemacht haben. Doch, ich muß Ihnen zuerst die Geschichte des Vorfalls kürzlich erzählen: dann werde ich die Art der Untersuchung, welche Sie mit Fleiß schief angegeben haben, genauer bestimmen, und endlich mit Erläuterung meines Sr. Heiligkeit gemachten lateinischen, nicht deutschen, Compliments beschliessen. So, dünkt mich, folgen wir dem Compasse der Vernunft, und werden die Leser weniger irre führen, als wenn wir alles unter einander werfen würden.

Den 26. April 1782 wurde in Augspurg von der Durchreise Sr. Heiligkeit mit Zuverlässigkeit gesprochen: früher konnte man es nicht. Wer hätte aber damals muthmassen sollen, daß Pius die Stadtbibliothek besuchen würde? Dies merke ich deswegen an, um ihnen den Wahn zu benehmen, in welchem Sie aus übertriebener Hochachtung gegen etliche lateinische Perioden stehen, als ob dies Compliment geraume Zeit vorher überdacht, und zu Papiere gebracht werden wäre. Nein, in der That nicht; es ist eine Arbeit von einer sehr kurzen Zeit. Das lateinische Original konnten Sie, wie Sie sagen, nicht abschriftlich bekommen; — — Hm! — und doch haben Sie es gelesen, oder vielleicht selbst angehört? — wie hätten Sie es sonst loben können? Damit aber mußten Sie bey Nichtdenkern die Falle verdecken, welche sie mir legen wollten, die, ich weiß nicht von wem? gemachte deutsche schlechte Uebersetzung, mit Unterdrückung des Originals, herum zu zerren. Freylich, wie hätten Sie mit Latein unter

ter gemeinen Leuten, welche von dieser Sprache weniger verstehen, als ein gemeiner Russe von dem Französischen, lauten Beyfall erhalten können, auf welchen Sie, wie es scheint, ausgegangen sind,? — Doch es sey! Es ist besser Unrecht leiden, als Unrecht thun.

Den ersten May klärte sich der lange umwölkt gewesene Himmel auf einmal auf: es weheten die angenehmsten Frühlingswinde; es war Kirchenfeyertag: für die Schulen war von dem Scholarchat, wegen Unruhe auf den Strassen, bis zu der Abreise des Papstes, Vacanz erlaubt: auch sogar der gewöhnliche Gesang auf den Strassen war vernünftiger Weise eingestellet worden. Schaaren von Einwohnern, Schaaren von Fremden wandelten durch die grossen Hauptstrassen der Stadt: die Wälle, der Frohnhof, die fürstbischöfliche von Herrschaften angefüllte Residenz, der mit Purpur überzogene neue Balkon an derselben: die majestätische Domkirche, deren Pracht jedes Auge entzücken mußte: die Einrückung des Kraiscontingents: die Zurückkunft des hiesigen Fürstbischofs Königliche Hoheit aus München, eines liebreichen und sehr gnädigen Herrn: die Zubereitungen auf den folgenden Tag: die sehnliche Erwartung eines grossen und seltenen Souverains, den man in Deutschland nicht oft zu sehen Gelegenheit hat, — viele andere Umstände fassen

Sie, wenn Sie wollen, in Ihrer Einbildungskraft zusammen, um sich den Augspurgischen Stadtbibliothekar — denn der Rektor hat hier so wenig, als das Scholarchat, zu thun gehabt — der dies alles mit Aufmerksamkeit, nicht ohne Empfindung, ansah, vorzustellen; als ihm einer seiner guten Freunde bey Hof ins Ohr flüsterte, daß wenn Seine Heiligkeit das Rathhaus sehen würden, die Stadtbibliothek wol auch in Vorschlag kommen könnte. Sie hat schöne Manuscripte von Kirchenvätern, und viele seltene Bücher: der Papst ist Liebhaber und Kenner; die Bibliothek gehört den Protestanten nicht allein, sondern, mit gleichen Rechten, auch den Katholiken: sie sind im Italienischen nicht ungeübt, um das päpstliche Gefolg unterhalten zu können: kurz, die Sache kann sich zutragen. Mich dünkt nicht so, fiel ich in die Rede: ich begreife nicht, wie ein Papst, dem der Vatican immer offen steht, zu der in dieser Vergleichung sehr kleinen Augspurgischen Bibliothek Lust bekommen sollte. Je, erwiederte mein Freund, der Papst weiß Unterschied zu machen; er ist ein gelehrter und leutseliger Herr: er verachtet nichts; er weiß alles zu schätzen. Wohl denn! setzte ich im Weggehen hinzu: dies wäre für mich eine Freude! denn, ich habe wenig Hoffnung den Papst zu sehen. Auf den Strassen kann ich nicht seyn; und von den Fenstern sehe ich nichts, wegen meinem kurzen Gesichte. Die Ge-

dan-

danken blieben mir im Kopfe: ich konnte nicht schlafen; ich setzte mich an mein Pult, und schrieb dies Compliment, (lateinisch versteht sich; denn die deutschen Uebersetzungen, ausgenommen die hier unten stehende, gehen mich insgesammt nichts an,) das Compliment, sage ich, an welchem, wie verschiedene Augenzeugen wissen, falls sie Wahrheit reden wollen, nichts verändert worden ist. Du folgst, sprach ich mit mir selbst, der geraden Natur. Der Hauptgedanke ist: Pius der VI. ein gelehrter und leutseliger Herr, besucht die Bibliothek, und du hast das Glück, als ordentlicher Bibliothekar, ihm dabey aufzuwarten. Erweise ihm allen Respect, den du ihm erweisen kannst, welches dir deine Religion durchaus nicht verbietet: eine Religion, die, wie wir wissen, vielmehr gebietet, jedermann Ehre zu thun. Was für Titel giebst du ihm? — Die, dachte ich, welche ihm Kaiser und Könige, die Griechen und die Engländer geben. Denn, dem Papste den Titel, heiliger Vater, nicht geben wollen, ist im Grunde eben so viel, als jedem Kirchendiener seinen Curialtitel, Hochwürden, verweigern. Die Bibliothek ist ein blos gelehrter Privatbesuch, wo sich der Bibliothekar, weil ihm keine Gesetze in diesem Stücke vorgeschrieben sind, verhalten kann, wie er will: es ist keine Kirchensache, und keine Staatsverhandlung, wo man auf Rechte zu sehen hat. Mögen sich dies meine Feinde merken: wo kein Geſetz iſt, da iſt auch keine Uebertretz tung. Nun aber iſt mir, als Bibliothekar, weder ein Gebot gegeben, wie ich mich gegen einen Papſt zu verhalten habe, noch ein Verbot, daß ich ihm nicht nach Würden begegnen ſoll; und alſo iſt auch kein Fehler gemacht worden. Denn, wo Fehler iſt, da muß auch eine Vorſchrift ſeyn. Und wenn im Compliment ein Fehler gemacht worden iſt, ſo mag es der Papſt, oder der Churfürſt von Trier, oder meine Herren Rathsdeputirten rügen. Denn dieſe Herren allein hätten mir von Rechts wegen hierinn Vorwürfe zu machen; ſonſt niemand. Sie haben mir aber keine gemacht; ſondern vielmehr im Heruntergehen von der Bibliothek ihren Beyfall laut zu erkennen gegeben: alſo iſt auch nicht gefehlt worden. Mag man in Geſellſchaften plaudern, was man will; das iſt Freyheit: aber poſitiv durch Schriften injurieren; nein, das iſt in ordentlichen Staaten nicht erlaubt. Wohlan denn, dachte ich, gieb dem beliebten Braſchi die Freude zu erkennen, welche du allezeit haben wirſt, ſo oft du dich an das Glück erinnerſt, ihn geſprochen zu haben. Es iſt in der Höflichkeit allezeit beſſer zu viel, als zu wenig, zu thun. Und über das iſt es ia nur ein mündliches, und nicht zum Druck beſtimmtes Compliment, welches, wie alle dergleichen Complimente, zu einem Ohre hinein, und zu dem andern wieder heraus gehen wird.

wird. — O Gott! was gebraucht man nicht zuweilen auf öffentlichen Kanzeln für Complimente, wenn man Wünsche vorträgt, oder in Leichenpredigten, wenn man lobt, und zwar oft wenig bedeutende Personen: aber welcher vernünftige Mensch, der den Lauf der Welt kennt, lehnt sich darwider auf, und lehnt sich in öffentlichen Schriften auf, wie hier wider mich Unschuldigen aus Vorsatz, um Rache auszuüben, geschehen ist? Was werden oft in Briefen gegen kleine Personen für Titel verschwendet! Wird nicht oft ein geringes adeliches Frauenzimmer, mit Genaden gleichsam angedonnert, ohngeachtet sie nicht die geringste Gnade auszutheilen hat: ich aber habe, als ein geringer Mann, mein Compliment gegen einen grossen Herrn, gegen einen Souverain gemacht, und zwar nach dem Vorgang des Herrn Oberbibliothekars und Rathsdeputierten. Hätt eder Unterbibliothekar fürnehmer thun sollen, als der Oberbibliothekar? Der Unterschied der Religion kam hier nicht in Betracht; denn wir haben mit Gelehrsamkeit zu thun gehabt, und nicht mit dem Gottesdienst. Man lese die bey Herrn Senator Wolf gedruckte Rede meines Herrn Rathsdeputirten; so wird man finden, daß der Katholike und der Protestant sich wohl unterscheiden. In meiner Rede kömmt ja nichts, gar nichts von Glaubenssachen vor; sondern Lobeserhebungen, Complimente und Wünsche. Und da der ganze

von:

Evangelische Theil der Stadt an allen bürgerlichen Ehrenbezeugungen des Papstes Antheil genommen hat: (in Kirche und Gottesdienst sonderte man sich ab) so ist alles Kritisiren über mich falsch gewesen, und würde nur alsdann Statt gefunden haben, wenn der Evangelische Theil sich von allen Ehrenbezeugungen abgesondert hätte. Aber dieses zu thun, hat man in meiner Vaterstadt nicht für rathsam gehalten, und dies hat den Papst gefreut, und macht Augspurg Ehre. Die Protestanten sind daselbst keine Grobians. Evangelische und katholische Soldaten, evangelische und katholische Bürger, zu Fuß und zu Pferde, machten dem Papste ihre Aufwartung. Hätte etwan der protestantische Bürger, um zu zeigen, daß er Protestant ist, sein Gewehr anderst präsentiren sollen, als der Katholike, und der protestantische Reuter sich verkehrt auf das Pferd setzen sollen, um zu zeigen, daß er Protestant ist? Der Soldat hat dem Papste mit dem Gewehre aufgewartet; meine Flinte aber waren Rede und Bücher, womit ich als Bibliothekar dem Papste meine Aufwartung machte. Noch mehr: ich habe Beruf und obrigkeitlichen Befehl gehabt, Sr. päpstlichen Heiligkeit auf der Stadtbibliothek von Amtswegen aufzuwarten; aber viele andere Protestanten, welche daselbst dem Papste aus Höflichkeit mit dem Kniebuge die Hand geküsset haben, die haben keinen Beruf dazu gehabt: und doch wird das Lästern nur gegen mich,

mich allein, schon bis in den vierzehnten Monat fortgesetzet; ist dies nicht kindisch? Ich tadle die Protestanten deswegen nicht, welche dem Papste diese hier erwähnte unschuldige Höflichkeit bezeugt haben; sondern erinnere nur dabey an den Unterschied des Berufes. Wer es nicht versteht, der muß es lernen, was eine vermischte bürgerliche Verfassung bedeutet. Und überhaupt, wer hat mich darüber zu Rede zu stellen, wenn ich vor einer Person den Hut abnehmen, oder einer andern die Hand küssen will, und einer andern nicht: wer wird, und wer kann mich deßwegen vor einem Burgermeister verklagen? Es sind Pflichten der Höflichkeit, die in die Moral gehören, wo Gerichtsklagen nicht Statt finden, wie im natürlichen Rechte. Eben so widersinnig aber, als dies, kömmt mir das bey gewissen Personen Beyfall gefundene Sendschreiben vor!

Auf den Druck des Compliments richtete ich, wie Gott weis, niemals einen Gedanken. Dieser ist eine leidige Folge der vielen Abschriften geworden, welche mir abgenöthiget, und wie mich bald hernach die traurige Erfahrung lehrte, größtentheils aus malitiösen Absichten, extorquiret worden. Von diesen Abschriften sind, ohne mein Wissen, wieder andere, oft falsche, gemacht worden. Die deutsche Uebersetzung habe ich jedermann, wo ich konnte, mißrathen, weil die Tropen

pen und Figuren, deren ich mich in diesem Complimente bedienet habe, im Lateinischen wohl, aber nicht im Deutschen klingen, und weil jede Sprache, wie bekannt, ihre eigene Figuren und Ausdrücke hat. — Indem nun so der blasse Neid, wie eine Otter im Gebüsche schlummerte, brach der durch ganz Augspurg sehr feyerlich gewesene Tag der Ankunft Sr. Heiligkeit an, den man in Zeitungen, wiewohl nach verschiedenen Absichten erzählet, lesen kann. Ich sahe dabey den churfürstlichen Staatswagen mit Pius dem VI. und dem Durchlauchtigen Clemens Wenceslaus über den Köpfen der Volksmenge, in der majestätischen Strasse von St Ulrich zum Dom langsam daher schweben, und machte mir in Gedanken ein Miniaturbild von jenem grossen Einzuge, den Cicero in seinen Schriften oft anführt: humeris populi Romani. Bey solchem Prachte zweifelte ich an der Erfüllung der Hoffnung, die mir Tags zuvor von dem Hofmanne war gemacht worden. Allein Freytags früh um 9. Uhr kamen beyde meiner obrigkeitlichen Herren Deputierten, und verkündigten mir den auf den folgenden Tag bevorstehenden Bibliotheks-Besuch von Sr. Heiligkeit. Man machte die besten Anstalten zur Auszierung des Saals: ich laß meinen Obern die lateinische Anrede zweymal deutlich und laut vor; gab ihnen mein Concept in die Hand; fragte öfters, ob nichts daran auszusetzen wäre? Beyde

de Herren Deputirte aber antworteten zweymal—
Nichts! Von Stund an arbeitete ich, unter an:
dern Leuten, was ich konnte, um die schicklichsten
Manuscripte und Bücher bey der Ankunft des
Papstes in Bereitschaft zu haben. Unter dieser
Arbeit gab ich noch drey protestantischen Personen
meine Rede im Concepte zu lesen, weil ich die:
selben für meine Freunde hielte; und auch diese
tadelten nichts daran. Die Mühe war, Zeugen
wissen es — nicht gering. Es gelang jedoch al:
les. Der Saal sah prächtig. Papst Pius der
VI. mit ihm Sr. churfürstliche Durchlaucht
von Trier kamen Tags darauf nebst 30 Wägen
mit Hofgefolge zur Bibliothek. Der Herr Zeug:
meister von Reblingen, als ordentlicher Raths:
deputierter zur Bibliothek, katholischer Religion,
präsentirten mich Sr. Heiligkeit, wie Tags zu:
vor schon verabredet worden war, mit der spani:
schen Kniebeugung, in einer bündigen lateinischen
Rede, worauf ich gleichfalls mit der nach Hof:
manier, wie man mir sagte, gewöhnlichen spa:
nischen Kniebeugung, das ist mit dem linken Knie
allein, mein Compliment, so gut ich konnte, her:
sagte, und welches, nach meiner deutschen Ueber:
setzung, folgende Gedanken enthält:

O ich Glücklicher! — 1) O ein Vergnü:
gen, welches ich noch nie gehabt habe! — Ich,
dem das seltene Loos zu Theile geworden, 2) ei:

nem

nen Römischen Papst, Pius den VI. die Wonne und Freude der Menschen, den heiligen Vater, den ersten Mann in der christlichen Kirche, 3) gebohren Licht und Wohlfahrt unter den Sterblichen zu verbreiten, 4) wie von einem elektrischen Schlage gerührt, zu venerieren, und Höchstdemselben, indem ein glückliches Gestirn 5) ihn durch unsre Mauern leitet, mit der tiefesten Ehrfurcht, so ihm zukömmt, 6) den Tempel des Augspurgischen Bücherschatzes aufzuschliessen. (*) Ja, heiliger Vater, durch diesen herablassenden Besuch verbreiten Höchstdieselben ein angenehmes Licht über unsre hier verwahrten Reste der alten Litteratur — dies wird einst unsre späte Nachkommenschaft mit Dank noch nachrühmen! Ich fühle zwar, heiliger Vater, ich fühle das Gewicht des mir aufgetragenen Geschäftes, daß ich einen der höchsten Schutzgeister im Reiche der Wissenschaften und der Künste hier unterhalten soll: allein der, welcher an hohe Dinge geht, wird allezeit weniger unglücklich seyn, wenn er seine Sache, weder mit Zwang angreift, noch den Eindruck verkennet, welchen dieselbe machen soll. Und wem sollte wohl nicht bange seyn, den in öffentlicher Versammlung anzureden, der, so weit die Vernunft über die niedere Sinnlichkeit erhaben ist, eben so weit die

Men-

(*) Die hier vorkommenden Zahlen zeigen auf die Anmerkungen und Erläuterungen, welch im Anhange stehen.

Menschen an Würde und Pietät übertrifft — ja der unter den Sterblichen ich weiß nicht was für ein göttliches Ding vorstellt. Doch, eine gewisse Ihrem Charakter eigene Gutmüthigkeit — eine mit Worten nicht auszudrückende vom Himmel Ihnen geschenkte Leutseligkeit — der Glanz Ihres Charakters und Ihrer hohen Würde — eine Leutseligkeit, welche nicht nur jedermann an Ihnen verehrt, sondern die auch aus Ihrer bedeutenden Bildung und aus Ihrem holden Betragen deutlich hervorleuchtet: dies giebt mir Dreustigkeit, daß ich, obgleich aus der Classe der geringsten Erdwürmer, kein Bedenken trage, die Seltenheiten unsrer Bibliothek Höchstdero Kenner-Augen vorzulegen. Aber Jesus Christus, unser Herr, der Ewige und Hochgelobte, erhalte Sie, heiliger Vater, zum Besten der Kirche ungekränkt, biß in die spätesten Jahre — Jesus, der Höchstdieselben der Erde geschenket hat, schmücke Ihre erhabene Würde mit den herrlichsten Früchten je mehr und mehr! Amen!

Unter den lateinischen Ausdrücken dieser Gedanken erwachte das Ungeheuer der Neid, und guckte durch seine vieleckigte Gläser, durch grüne und blaue, rothe und schwarze Gläser, und sah auf meinem Rumpfe mehr Köpfe, als er zählen konnte, sah Feuer und Schlangen, sah unter Einem Winkel alle vier Theile der Welt, sah — der Himmel

B

mag

mag wissen, wie viele Knice an einem Fuße. Den zweyten Tag darauf, als durch die mir gegebene päpstliche Erlaubniß, Abends in das Audienzimmer kommen, und von Sr. Heiligkeit Abschied nehmen zu dürfen, bey einfältigen Neidern dem Faße der Boden hinaus gestoßen wurde; da auch die Personen, welche zwey Tage her den Auftritt gelobt hatten, anfiengen, sich selbst zu widersprechen; da, sage ich, erscholl das boshafte Gerücht in Gesellschaften und Clubs: der Bibliothekarius habe seine Anrede kniend gehalten, mit welcher Lüge mein Herr Gegner, der von dieser Hofmanier nicht viel zu verstehen scheint, sein Titelblatt zu zieren für rathsam gefunden; eine Lüge, die ihm der fürtreffliche Künstler, so den Papst neben mir abzeichnete, wenn er Wahrheit reden will, nebst andern Personen, die richtig gesehen haben, hätte widerlegen können. Ein Mann, der die Liebe im Herzen hat, von welcher Paulus spricht:*) hat zu verunglimpfenden heimlichen Angaben, die in den Gesellschaften der Tadelsüchtigen schnell umlaufen, und eine bereitwillige Aufnahme finden, kein offenes Ohr. Doch, dieser Unwahrheit hätte man noch einen Strich der Wahrscheinlichkeit geben können, weil mancher nicht die Bewegung der Gliedmaßen versteht, nach welcher der Kopf eines Menschen allezeit niedriger werden muß, wann sich auch nur Ein Knie desselben einwärts beuget; wenn
nur

---

*) 1. Kor. 13, 5.

nur nicht die altweiberische Lüge von den gefalteten Händen dazu gekommen wäre! Aus dem erniedrigten Kopfe schloß man fälschlich auf das Liegen auf beyden Knieen. Die Füße aber konnte niemand hinter mir, vor dem langen Mantel, den ich tragen muß, sehen, und vor mir im Gesichte stand allein Pius VI. an einem Tische, die Tabatiere in der Hand. Und was hat man in einem ebenen von Zuschauern vollgestopften Saale von mir sehen können? Die Klugheit gebietet mir hier zu schonen. — Dies hat nun mein Herr Gegner, aller Billigkeit, die er haben will, ohngeachtet, nachgeleyert, ohne zu bedenken, daß dem Lügner der die Sache zuerst aus Neid ausgesonnen, und dem man nachgesungen hat, die altera pars Rami fehlt. Im Agiren beyder Hände, thut man die Hände nicht zusammen, wie mich dünkt. Doch weg mit dem Weibergeschwätze! Ich will dafür die herrliche Gruppe, die sich an den mit Manuscripten und Büchern belegten Tisch stellte, kürzlich anführen: Papst Pius VI. das Augenglas in der Hand, an meiner Seite, mitten inne der scharfsinnige Herr Nuncius Garampi: hinter dem Papste Se. churfürstliche Durchlaucht von Trier, über deren holdes Angesicht die Freude ausgegossen war, weil man Ihrem hohen Gaste, auf alle Weise höflich und devot begegnete; zur Linken der Herr Patriarch Marcucci, und neben ihm der päpstliche Herr Beichtvater: weiter hinten der

Kreuzträger, und eine Menge hoher Personen. Mit unverstellter Begierde nahm Pius der VI. ein Manuscript nach dem andern in die Hand, sprach vom Alterthum, vom Ankauf, von der Anzahl derselben, von der Aehnlichkeit derer, welche Sie Selbst besitzen u. s. f. mit einer solchen Herablassung, und Gutherzigkeit, daß ich ein Unmensch wäre, wenn mich nicht der Auftritt an sich Zeitlebens freuen würde. Die Bibliothek hat nie einen solchen Auftritt gehabt. Ehre macht es auch dem guten Papste Pius, daß er bey der großmüthigen Rückgabe der ihm gebrachten obrigkeitlichen Ehrengeschenke an die augspurgische neuerrichtete Armenanstalt, in welcher sich Protestanten und Katholiken befinden, keinen Unterschied unter Protestanten und Katholiken gemacht hat: so wie auch Se. churfürstliche Durchlaucht von Pfalzbaiern bey Höchstdero bald darauf erfolgten Ankunft in Augspurg, ein gleiches zu thun geruhet haben. Am Sonnabend und Sonntag war über den Bibliotheksbesuch noch allgemeine Freude. Es kamen Leute von Stande zu mir in das Haus, und gratulierten mir wegen dem guten Erfolg dieser Sache. Einem Schullehrer erweist man sonst bey uns eben nicht so viel Höflichkeit. Aber, als ich Sonntag Abends, durch hohen Wink, zu einer Audienz Sr. Heiligkeit berufen wurde, wo ich dem Papste in einer kurzen italienischen Rede für die Gnade des vorigen Tages im Cabinette Dank abstat=

abstattete; da wurde der Neid unbändig, und suchte sein Gift weit umher auszuspeyen. Dies sind die Christen, denen man, nach der Sprache des Sendschreibens, Frömmigkeit empfehlen sollte, nur nicht die, welche blos auf der Zunge sitzen bleibt, übrigens aber Haß und Feindschaft im Herzen ernährt, und Ränke in geheim ausübt; sondern die, welche sich in guten Werken zeigt, im Lebenswandel, im Exempel, in der That, öffentlich, und auch in Geheim. So viel von der Geschichte — Es folgt die Bestimmung des Untersuchungspunkts.

Auf der 10ten Seite des Sendschreibens heißt es: „das wissen sie ja, daß Herr Mertens ein Protestant ist" — vermuthlich wird dies nur gesagt, um die folgende Worte anbringen zu können — „dieser Umstand ist wesentlich, wenn man sich in eine unparteyische Kritik der Sache einlassen will —" Ach der unparteyische Mann! — dessen Neid und Partheylichkeit jeder Einfältige mit Händen fühlen kann! Der Menschenfreund, der wider das achte Gebot nicht sündigen will, und doch seinen ganzen Brief zum Afterreden und zur Verläumdung wider mich vorsätzlich geschrieben hat! Der christliche Mann, welcher das Licht des Tages scheuet, und seinen Namen auf sein Werkgen zu setzen sich nicht getraut, der viele hundert Exemplare davon nach Augspurg an einen

nen gewissen Buchhandlungsbedienten gehen, sie durch denselben in alle Häuser herumschleppen, auf allen Caffehäusern, in Buchläden, in Schenken u. s. w. um Geld austheilen läßt, um den unschuldigen Rektor Mertens in seiner Vaterstadt, um deren Jugend er sich schmeichelt einiges Verdienst zu haben, zum Lohne seiner Bemühungen, verhaßt zu machen, ihn an seiner Ehre zu kränken, und ihm seinen ganzen Credit bey den Menschen zu nehmen — welch ein Verfahren! Ist dies das Verfahren eines Mannes, welcher glaubt eine gerechte Sache zu haben? Darf ein solcher das Licht scheuen? Ich schreibe frey, vor aller Welt, weil ich überzeugt bin, nicht den mindesten Fehler gemacht zu haben — Ich muß aber den Protestanten noch genauer bestimmen, auf welchen in gedachter Schrift provociert worden ist, sonst ist der Untersuchungspunkt unrichtig, und folglich der ganze Streit schief, und nur gemacht, um gemeine Leute, die nicht urtheilen können, zu hintergehen, und Feindschaft anzurichten. Mein Herr Gegner, merken Sie Sich, ich bin ein lehrender Protestant in Augspurg: ein Mann, welcher, bey offenen Thüren die grösten Schüler auf dem hasigen evangelischen Gymnasium, unter andern auf Schulen gewöhnlichen Wissenschaften, auch in der biblischen Theologie, biß zur Universität hin zu unterweisen hat; der insonderheit seine ehemaligen Schüler, von welchen einige, aus allen vier Fakul fultäten, in öffentlichen Aemtern ſitzen, zu Zeugen aufrufen darf, um zu ſagen, ob ſie Reinlichkeit (*) in der Religion (verſteht ſich nach der Bibel,

B 4 die

(*) Der Verfaſſer des Aufſatzes im Kirchenboten Monat October, 1782, hat alſo einige grobe Lügen hingeſchrieben: wofern er ſeine dortigen Behauptungen nicht beweißt, oder beweiſen kann; und dies wird er in Ewigkeit nicht können, denn der eben dort angeführte unnöthig geweſene, und aus Privaturſachen verfertigte Aufſatz iſt von denen, welchen er übergeben wurde, bey Seite gelegt und notoriſcher Weiſe wider mich nicht gebraucht worden. Ich kenne den Verfaſſer des Aufſatzes im Kirchenb. nicht; aber ſo viel werde ich ihm doch ohne Vorwurf einer Prahlerey ſagen können, daß ich mich auf die Theologie (verſteht ſich nach meinen Kräften) gelegt habe, wie Er, und daß ich mir ſchmeichle, das dritte Capitel im erſten Briefe Pauli an den Timotheum von dem 1. bis 13. Vers ſo gut erklären zu können, als Er. Von mir kann er verſichert ſeyn, daß ich Patriotiſmus gegen meine Kirche habe, indem ich viel hundert Stunden jährlich zur Ausbreitung der Grundſprachen aufopfere, und zu meinen Schülern niemals ſage, daß ein evangeliſcher Prediger nichts, als die deutſche Sprache, nöthig habe. Schämen ſollte ſich der Verfaſſer wegen der Ueberſetzung meiner Rede, die er in das übrigens wackere Journal hineinbuchſtabiert hat, die nicht beſſer iſt, als eine Ueberſetzung von Schülern, wenn

ſie

die er ganz allein für Norm annimmt, nicht Menschensatzungen) in seinen Vorträgen gehört ha-

sie anfangen nach Wörterbüchern Langens Gespräche zu übersetzen — Bey dieser Gelegenheit muß ich auch der allgemeinen deutschen Bibliothek, 53sten Bandes zweytes Stück, Seite 615, gedenken, woselbst in denen vorgegebenen Augspurgische Nachrichten noch mehrere Augspurger unbilliger Weise mishandelt worden sind. Ich beschuldige dieser Grobheit den Herrn Nicolai nicht; denn wie schickte sich das für einen feinen Berliner, von welchem Charakter wir diesen Herrn vor zwey Jahren in Augspurg haben kennen lernen, wo meine Wenigkeit das Glück gehabt hat, ihn zu Hause, und auf der Bibliothek zu respektiren. Allein, dies wollte ich mir doch von Herrn Nicolai ausgebethen haben, daß er sich künftig zuvor durch seine litterarische Commissionairs genauer um die Aufführung eines Mannes erkundigte, bevor er solche Grobheiten ohne Namen in sein Journal eindrucken läßt. Wer kann mich einer Schande zeihen? Das ist Herr Nicolai mit allen seinen Mitarbeitern nicht im Stande. Ich gebe also Herrn Nicolai die in der citirten Nachricht vorkommende Schande, als ein Depositum zurück, um sie dem Buben, der sich nicht getraut seinen Namen anzugeben, wieder zustellen zu können, der von einem ehrlichen Manne, ehrenwidrige Ausdrücke gebraucht, ohne zu wissen, daß sie ehrenwidrig

haben, oder nicht; ein Mann der sich alle Mühe
giebt, seine Schüler zum Verständniß, und zur
lebenslänglichen Cultur der biblischen und gelehrten Sprachen aufzumuntern und anzuhalten, ohne
welches Studium keine Ausbreitung der seligma-
chenden Lehre Statt finden kann; ein Mann, der
seine Schüler nicht nach der gewöhnlichen super-
ficiellen Mode zu den Sprachen anführt, oder ihnen
gar davon abrathet: ein Mann, der seine Schüler

rig sind, und daß man ihn dießfalls, so bald
sein Name bekannt wird, von Rechtswegen bey
seiner Obrigkeit belangen kann — Verzeihen
Sie, Herr Nicolai, die Wahrheit geht bey mir
über alles. Es ist Gefühl seiner eigenen Rechtschaffenheit, die ein ehrlicher Mann niemals zu
verläugnen Ursache hat, wenn ich Ihnen aus
des Sallusts Jugurthinischen Kriege zurufe: Me
quidem, ex animi sententia, nulla oratio lædere
potest, quippe vera necesse est bene prædicet:
falsam vitu moresque mei superant. Ich bin zwar
dem Stande nach weit vom Marius, der diese
Worte im Sallust spricht, entfernet; aber ich ge-
traue mir, ohne Prahlerey, zu behaupten, daß
meine Ehrlichkeit der seinigen die Wage hält,
und ich also mit ihm sagen kann, solche Läster-
reden, wie Sie, Herr Nicolai, wider mich in
Ihre Bibliothek eingerückt haben, kann mein
unsträflicher Lebenswandel, und mein Charakter (ich darf hinzu setzen, die gewissenhafte Ver-
waltung meines Amtes) sattsam widerlegen —

ler zum künftigen Lesen der alten Theologen geflissentlich hinweißt, ohne die guten neuen Schriftsteller dieser Art, aus Vorurtheil, zu verwerfen, oder zu verkleinern: ich bin ein Mann, dem es in seinem Schulamte, wie Gott weiß, um wahre Aufklärung der Jugend und seines Nächsten, in der That zu thun ist: ich bin ein Protestant in Augspurg, einer blühenden paritätischen Reichsstadt, wo beyde christliche Religionspartheyen, Protestanten und Katholiken, bürgerlich und freundschaftlich mit einander verbunden sind, auch nicht selten unter einerley Dach friedlich und liebreich beysammen wohnen, die einander in Noth und Tod beyzustehen keinen Anstand nehmen, wo der katholische Dienstbothe der protestantischen Herrschaft getreu dient, wo zuweilen eine gutherzige katholische Krankenwärterinn selbst zu dem protestantischen Beichtvater hingeht, und ihn ersucht, zu dem protestantischen Patienten zu kommen, ehe er stirbt: ich bin Aufseher einer nicht blos protestantischen, sondern paritätischen Bibliothek, ein Mann, der allen Abscheu vor Inquisitionsgerichten, vor Gewissenstyranney und Gewissenszwang hat, indem er überzeugt ist, daß der Grund des praktischen Christenthums Liebe Gottes, und Liebe des Nächsten ist, daß Liebe, Geduld, Freundlichkeit, und Sanftmuth von dem Apostel Paulus (*) unter die entscheidenden Früchte des Geistes

(*) Gal. 5, 22.

stes Christi gezählet werden, und daß mit welcher-
ley Maas ihr messet, euch wird einstens wieder
gemessen werden (*): ich bin ein Protestant, der
zwischen Respekt und Dogmatik, zwischen Compliment und Theologie, zwischen äusserlicher Ehr-
erbiethung und Gehorsam, Unterschied macht,
wie vernünftige Katholiken auch thun; mit einem
Worte, ein Protestant, der jede Geistesgrösse,
jede Geschicklichkeit, wo sie anzutreffen ist, im
Oriente oder im Occidente, auch an seinen Feinden, mithin auch an Ihnen, mein Herr, venerirt;
und als ein solcher habe ich das — lateinische
Compliment an Pius den VI. gemacht. Diesen
Begriff eines Protestanten, welcher wünscht, daß
Katholiken, Reformirte und Lutheraner einander
herzlich lieben mögen; diesen Begriff behalten Sie
bey der Auslegung meiner Anrede im Sinne, und
schliessen Sie aus dem Latein, und nicht aus
deutschen elenden Uebersetzungen. Auslegen aber
und verdrehen ist zweyerley. Wer beurtheilt wol
ein solches Compliment nach der Dogmatik,
und nach den symbolischen Büchern? Wenn man
in Briefen aus Höflichkeit mit den Ausdrücken
schließt: ich bin ihr unterthänigster Diener und
Knecht; ich ersterbe mit aller möglichen Devotion
u. s. w. bin ich deswegen eines jeden Diener
und Knecht, und sind dies ausschliessende Sätze,
daß ich nun keines Menschen Diener in der Welt
mehr

(*) Matth. 7, 2.

mehr seyn kann, als nur dessen, an welchen ich den einzigen Brief geschrieben habe? Wenn mich ein ehrlicher katholischer Bauer mit dem unter Katholiken gewöhnlichen Gruße anredet: Gelobt sey Jesus Christus! und ich als Protestant ihm antworte: in Ewigkeit, Amen! bin ich deswegen ein Katholike, oder erlaubt mir meine Kirche nicht, ein solches Compliment zu erwiedern? Wird ein gesitteter Katholike, wenn er in eine protestansche Kirche hineingeht, und sich im äusserlichen, wie billig, ehrerbiethig bezeugt, wird er deswegen ein Protestant? Nun damit könnte ich mich begnügen, weil bey klugen Bürgern, die Judicium haben, Ihre Consequenzenmacherey aufgedeckt wäre. Aber ich will mich auch, der Schwachen wegen, in die Untersuchung einiger Hauptstellen Ihrer falschen Auslegungen dieses Compliments einlassen: denn Periode für Periode, Punkt für Punkt — also das ganze Sendschreiben durchzugehen, lohnt sich wahrlich der Mühe nicht. Sie haben, wie ich sehe, die unschuldige Stelle: ad tollenda mortalium incommoda natus, von der Aufhebung der Strafe der Sünden durch Christum erklärt, wie unlängst ein Gewisser auch gethan hat. Daran aber haben Sr. Heiligkeit so wenig, als ich gedacht, indem auch kein vernünftiger Katholike dieses vom Papste behauptet. Aus dieser Auslegung blickt entweder Unwissenheit in der lateinischen Sprache, oder Bosheit hervor, so, daß Sie

mir

mir doch zu gut sind, als daß ich Sie mir unter einem solchen Charakter vorstellen sollte, ob ich Sie gleich nicht persönlich kenne. Ich spreche Ihnen diesfalls noch nicht gutes Herz und guten Kopf ab: denn ich weiß, daß man von Einer irrigen Meinung, von Einem schlechten Vortrag noch nicht auf den Umsturz aller richtigen Grundsätze schliessen darf: so wie man aus einer schiefen Handlung noch nicht folgern kann, daß alle Achtung für die Stimme des Gewissens verlohren gegangen sey. Uebereilung aber ist es doch, incommodum, Unbequemlichkeit, Schaden, für peccatum, oder vielmehr für delictum, oder für nomen, welches letztere eine Schuldforderung auf Deutsch heißt, anzusehen. Dieser unterschobene Gedanke müßte auf gut Lateinisch heissen: natus ad expungenda, oder ad dissoluenda mortalium nomina, natus ad mortalium delicta luenda. Der Sinn aber meiner Rede heißt nichts, als dies: er ist zur Beförderung der Wohlfahrt unter den Menschen gebohren; eine Pflicht, die jede Obrigkeit, jeder Vater des Vaterlandes erfüllen soll. Gute Fürsten sind die Instrumente, deren sich Gott bedienet, um die Wohlfahrt unter den Sterblichen zu befördern. Sie tragen das Bild Gottes an sich, und werden, wie Sie aus der hebräischen Sprache wissen müssen, sogar in der heiligen Schrift mit dem erhabensten Namen belegt. Gehört der Papst nicht auch in diese
Clas-

Classe? Hat er nicht als Fürst seine Unterthanen? Drangsal würde ich auf Lateinisch durch casus, calamitas, discrimen ausgedruckt haben. Wie die alten Lateiner das Wort incommodum gebraucht haben, kann man aus guten Wörterbüchern ersehen. An dem Antesignanus hat man nicht Ursache sich zu stoßen, denn gesetzt, man verstünde dies auf die gröbste Weise, wo steht denn im Lateinischen der ganzen Christenheit? Ich bitte die Vernunft selbst den Ausspruch zu thun, ob ein Protestant zu einem Papste nicht sagen kann, ich habe hier das Glück, den ersten, den vornehmsten Herrn unter der christlichen Geistlichkeit zu venerieren? Antesignanus ist ein Kriegswort, welches nach der ältern Verfassung der Römer genommen, einen alten, geübten Soldaten vom höchsten Range bedeutet, der mit seinen Commeraden vor den Kriegszeichen, nach unserer Art, vor den Fahnen, beym Hauptlager kämpfte. Möchte man sich zuvor in einer Sprache festsetzen, ehe man sich in derselben ein entscheidendes Urtheil anmaßet. Aber welch ein schlimmes Ding ist es um die Unwissenheit, und wie groß ist sie jetzt im genuinen Latein, selbst unter den Gelehrten; so groß, daß Herr Hofrath Heyne zu Göttingen unlängst, bey Gelegenheit einer daselbst gehaltenen Rede, in der Göttingischen Zeitung, bekennen mußte, daß, wenn die jetzt herrschende Mode im Studieren fortdauren wird, man binnen 50. Jahren
die

die gänzliche Vertilgung aller gelehrten Sprachen aus den Schulen und Universitäten zu erwarten habe. Was die christliche Religion für eine Gestalt dadurch bekommen wird, da sie in das Kleid der gelehrten Sprachen eingehüllet ist, wird die Zeit lehren.

Doch in der Schrift meines Gegners geht dies noch hin; aber die Erklärung der Hyperbel; quis non metuat eum compellare oratione &c. ist abentheuerlich und schiefer, als jener Ploni Almoni sie erklärte, welcher sagte; hiemit hätte ich den Papst über den Kaiser, und über den König in Preussen hinaufgesetzt. Ich antwortete ihm mit der zwar schlecht lateinischen, aber richtig klingenden Regel: unius positio non est alterius negatio. Auch habe ich zu Sr. Heiligkeit gesagt, superas magnos: ich habe nicht gesagt, superas maximos. Aber Sie, mein Herr, schliessen daraus, ich hätte den Papst dadurch aus der Classe der Menschen gar hinausgesetzt. Dies heisse ich schliessen und argumentiren; nicht besser als jener: Gott ist allmächtig; der Teufel ist nicht allmächtig; also ist Gott allmächtig. Der Papst lebt noch auf Erden, und wie ich wünsche, lange, gesund und vergnügt. Nun müßte er aber, nach Ihrer Argumentation, in eines von denen drey Reichen der Natur doch gehören. Nehmen Sie ihn aber aus der Classe der Menschen

schen heraus, wie Sie selbst sagen, daß der Papst auf diese Weise kein Mensch mehr wäre: so müßte er, weil er als ein Geschöpf auf Erden noch lebt, entweder ins Thierreich, oder in das Pflanzenreich, oder ins Mineralreich gehören. Alle 3. Reiche aber enthalten Dinge, die weit weniger sind, als der geringste der Menschen ist; mithin hätte ich den Papst nach Ihrer eigenen Argumentation, nicht erhoben; sondern ihn unter die Menschen tief herabgesetzt. Dies ist aber falsch, und wider den Zweck Ihrer eigenen Argumentation: also muß Ihre Argumentation selbst falsch seyn. Denn das, woraus etwas Falsches schnurgerade folgt, das muß im Grunde selbst falsch seyn — So geht es, wenn man Figuren und Tropen nicht als Figuren und Tropen erklärt. Die Hyperbel klingt im Deutschen bey weitem nicht, wie im Lateinischen. Aber was ist eine Hyperbel? fragt Herr Stauzius. Ein rednerischer Ausdruck, den man auf Deutsch Vergrösserung nennen kann, weil er das, was man in Worten vorstellen will, über die eigentliche Wahrheit vergrössert. Der Gebrauch derselben ist jedem Affekte natürlich, in Reden, wie in Gedichten. In dieser Sprache macht die Liebe eine mäßige Schönheit zum himmlischen Reize. Die besten Schriftsteller, zum Beyspiel Plinius in seiner Rede an den Trajan, haben sich dieser Figur bedient, aber nicht bey geringen, sondern bey merkwürdigen Vorfallenheiten.

Erst unlängst laß ich ein gedrucktes Schreiben einer protestantischen Gemeine an den König in Preussen, wo sie ihn den allerangebethesten Regenten des ganzen Erdkreises nennet; eine ganze Gemeine, nicht ein einzelner Privatmann, wie ich bin. Für einen unbelebten, phlegmatischen Kloz werden Sie mich nicht halten, der durch die hohe Gegenwart des freundlichen Pius nicht gerührt werden sollte? Ein Beyspiel will ich anführen, welches sehr passend ist, um meinen Herrn Gegner zu fragen, ob er dasselbe auch so philosophisch kritisiren würde, als er das meinige kritisiert hat? Der unsterbliche Jakob Brucker, ein ehemaliger evangelischer Prediger und Senior des Augspurgischen Predigamts, sagt in der Zueignungsschrift seiner grossen philosophischen Geschichte an den damaligen König von England, unter andern Ausdrücken: mea quoque Musa venerabunda purpuram Tuæ majestatis, tot regiarum virtutum splendore coruscantem adorare devotissime audet. Und gleich darauf: ut terrarum orbi, & inprimis magnæ Britanniæ atque Germaniæ nostræ auspicatissimum *in Te omnis incolumitatis & salutis sidus* illuxisse pie vereque iudicandum sit. Nun müßten Sie nach Ihrer Kritik sagen: wie, Herr Senior, Sie wollen des Königs Purpur devotest anbethen, wie schickt sich dies? Aber Brucker würde Ihnen sehr bruckerisch geantwortet haben. Ueber das ist

Herrn Druckers Zuschrift eine mit Nachdenken gemachte, meditierte und dem öffentlichen Drucke vorsätzlich gewidmete Rede; mein Compliment aber ist keins von beyden. Meditation ist in jenen Zerstreuungen nicht möglich gewesen. Die folgende Periode meiner Anrede, ist keine Erweiterung des dem Papste Pius dem VI. gemachten Lobspruches: die Freude des menschlichen Geschlechts. Sie verstehen, wie es offenbar ist, den ganzen Perioden nicht; oder wollen ihn nicht verstehen. Auch wird kein Mensch, der sein Latein aus den Alten gelernet hat, das Wort habitus, durch Bildung, übersetzen: da es das ganze Aeusserliche des Menschen bedeutet. Rebus nostris heißt nicht unsere Sachen, sondern die Augspurgische Verfassung, oder noch genauer, die aufbewahrten Schätze der Bibliothek. Der Spott, den Sie über den Schluß meiner Anrede gemacht haben, verdienet keine Widerlegung: ist Lirum Larum! Nur dies einzige merke ich für die Schwachen in der Latinität noch an, daß infimæ sortis homuncio, in der guten Bedeutung genommen, so viel ist, als homo obscurissimo loco natus, ein Mensch von geringem Herkommen. Daß locus nicht Ort, sondern Geburt bedeutet, steht in jedem kleinen Wörterbuche. Erasmus, der grosse Erasmus, nennt sich in seinen Briefen an Päpste geschrieben, sehr oft homuncionem infimæ sortis. Ich dächte, der

Ab=

Abstand vom Schulrektor biß zu einem Römischen Papste wäre ziemlich merklich. Aber was schwätzt man nicht, wenn man sich einmal vorgesetzt hat, etwas zu tadeln, das nicht zu tadeln ist. So viel! Doch Eins hätte ich beynahe vergessen! Der Verfasser des Sendschreibens hat es recht mit Gewalt vom Zaune herabgerissen, um mir noch einen Stoß, wie er glaubte, beyzubringen. Damit hat er aber offenbare Lieblosigkeit an den Tag gelegt, wie selbst seine Anhänger gestehen musten. Er fodert nemlich Seite 29. die Herren Prediger der Augsp. Confession in Augspurg auf, ihren Zuhörern aufs neue gründlich und deutlich zu sagen, was wahre Frömmigkeit sey, und vergißt aus Leidenschaft, daß er mit dieser Stelle die evangelische Burgerschaft in Augspurg, worunter auch gute Köpfe und Gelehrte sind, sehr beleidiget hat: indem er eine gar zu grosse Unwissenheit derselben in Glaubenssachen, und eine solche Seichtigkeit der Religion zum Grunde seiner Aufforderung annimmt, daß sie alle insgesammt durch ein paar Duzend Zeilen; gesetzt sie wären auch voll von Unglauben, wie durch einen Wind, alsobald über den Haufen geworfen wären. Ueber diesen Punkt aber, mein Herr, wollen wir das Urtheil Gott allein überlassen! — Es ist auch beleidigend für die Herren Prediger selbst, bey welchen vorausgesetzt wird, als ob sie in ihren Vorträgen zeithero nichts Gründliches von wahrer Frömmigkeit gesprochen hätten, wovon man doch das Gegentheil weiß. Wer hierüber nachdenken will, wird finden, daß dem Herrn Verfasser dieser Schmähschrift der wahre Begriff eines homiletischen, oder Kanzelvortrags nicht muß beygefallen seyn, so wenig, als der von der Frömmigkit — Die Schulen kommen bey ihm in keinen Anschlag, gleich als ob sie in diesem Stücke wie Nullen anzusehen wären, und in denselben nicht eben so gut Christenthum, biblische Theologie, gelehrt würde, wie in Kirchen, obgleich in anderer Form. Doch es sey nun!

Leben Sie wohl, mein Herr! und gesünder, als ich bishero gelebt habe, und vergessen Sie nicht, daß, bevor man ein richterliches Urtheil fällt, man den andern Theil auch zu hören pflegt!

Zum Beschluße dieser verdrüßlichen Arbeit erkläre ich noch einem jeden meiner Verläumder, der sich Mühe gegeben hat, mich zu beleidigen, und mir bittere Stunden zu machen, worunter, wie ich wohl weiß, sowohl Protestanten, als auch Katholiken gewesen sind, daß ich ihnen allen aufrichtig und von Herzen vergebe, und ihnen dagegen Gutes wünsche. Gott wird ihnen auch vergeben, und an ihnen das Unrecht nicht heimsuchen, welches sie mir zuzufügen im Sinne gehabt ha-

haben. Ich bin überhaupt im vorigen ganzen Jahre in die rechte Schule geführt worden, in welcher man auf eine praktische Weise lernen kann, daß es dem Menschen überhaupt weit zuträglicher ist, Unrecht zu leiden, als Unrecht zu thun. Gott thue meiner Vaterstadt wohl, der ich so viele Verbindlichkeiten habe, als ich mit meinen Diensten zu ersetzen niemals im Stande seyn werde; er sättige alles, was in derselben lebt, mit Wohlgefallen! Dank und Lohn von Gott, Lohn, den Fürsten auch bedürfen, sey Sr. Churfürstlichen Durchlaucht von Trier, Clemens Wenceslaus, für die grosse Ehre, so Höchstdieselben durch den von Sr. Heiligkeit Pius dem VI. bewirkten Besuch unsrer Stadtbibliothek, uns zum Andenken hinterlassen haben; Dank für diese Freude, so Sie uns gemacht haben, ob sie uns gleich von den Feinden sehr verbittert worden ist, und daß wir Höchstdieselben schon viermal auf der Stadtbibliothek devotest venerieren konnten. Dank sey Sr. Churfürstlichen Durchlaucht von Pfalzbaieren, dem gnädigsten Carl Theodor, Höchstwelche im vorigen Jahre geruheten, anderthalb volle Stunden in unsrer Bibliothek sich zu verweilen. Gott, der Ewige, dessen Regiment kein Ende hat, segne diese hohe Fürsten, von welchen das Wohl so vieler tausend Menschen auf Erden abhängt, mit dauerhafter Gesundheit, langem Leben, und welches Glück den

Fürsten oft sehr mangelt — mit ununterbrochener Zufriedenheit und wahrer Seelenruhe; kurz

<blockquote>
Ihr Geist sey, nach der Weisheitslehre
So stille, wie die Sommersee!!
</blockquote>

Uz.

Anhang.

1. Die Rede hat keinen Titel gehabt, weil sie sich an die Rede des Herrn von Rehlingen, als Deputierten der Bibliothek, anschloß, bey welcher, wenn sie ein Ausländer ließt, man sich erst in die Empfindung setzen muß, welche durch die beynahe allgemein gewesene Augspurgische Freude und Entzückung, durch die anständige Feyerlichkeit, wie auch durch das liebreiche Betragen des Papstes gegen jedermann, er erweckt worden ist: eine Sache, welche der Reichsstadt Augspurg wahre Ehre macht — Ich für meinen wenigen Theil habe zwar niemals, das weiß Gott, einen Gedanken gehabt, von meinem Complimente, nur den mindesten öffentlichen Gebrauch zu machen; so wenig, als mit viel hundert andern Complimenten, welche ich bey dem ausnehmend starken Besuch der Bibliothek von Fremden, mit merklichem Verlust meiner Zeit, machen muß; aber nun einmal ich in die traurige Nothwendigkeit versetzt worden bin, mich gegen meine Lästerer zu vertheidigen, so wird das Publikum diese, meine mir abgenöthigte, und ihm gewidmete Schrift entschuldigen; welche früher in diesem veränderten Kleide erschienen wäre, wenn nicht eine halbjährige Krankheit mich an diesem unangenehmen Geschäfte verhindert hätte. Es versteht sich, daß man bey andern Fremden aus

dem Stegreife spricht, aber bey einem Papste —
und welches für einen Bibliothekar allezeit bedenklicher ist, bey einer so grossen Menge von
ächten und unächten Zuschauern, von welchen
viele nur den Schein, und nicht die Sache belauern, muß man sein Compliment, wenn man
so viel Zeit hat, zu Papiere bringen. Uebrigens
wünsche ich einem jeden Bibliothekar Glück, dem mit
mir ein gleiches Schicksal treffen sollte, von Morgens 6 biß 12 Uhr Mittags in seinen Amtskleidern,
gleich einem Bedienten, umsonst herumzulaufen,
hundert Menschen Complimente zu machen, und
nachdem er Tags zuvor von 9 Uhr Morgens biß
zum Untergang der Sonne sich bey Zubereitung
des Bibliotheksaals müde gearbeitet hatte, sich
unter einem Gedränge berufener und unberufener Personen männlichen und weiblichen Geschlechts, vor einem Papste und dessen zahlreiches
Gefolge hinzustellen, um über trockene gelehrte
Sachen, solche hohe Personen nach Würden zu
unterhalten, und am Ende dafür zum Lohne —
Nein! Hier kann ich nicht weiter! Dies ist ein Gegenstand des Seufzens! Ich merke dies alles nicht
an, um mich über diese Arbeit zu beschweren: das
sey ferne: denn ich habe noch niemals eine Arbeit,
die mir von meinen Obern aufgetragen worden,
von mir abgelehnt, und werde auch keine von mir
ablehnen, so lange mir mein Gott und Vater
Kräfte schenken wird; sondern ich merke dies alles

zur

zur Vollständigkeit und Wahrheit der Geschichte für die Zukunft an; welches einem ehrlichen Bürger in civilisierten Staaten allezeit erlaubt seyn muß. Warum hat man den Lermen nicht in der Geburt erstickt? Ich habe an dem allen keine Schuld. Vertheidigung aber ist nothwendig.

2) Daß noch kein Papst auf die Augspurgische Bibliothek gekommen ist, ist aus der Geschichte der Reichsstadt Augspurg bekannt genug.

3) Antesignanus heißt schlechterdings nicht Oberhaupt der christlichen Kirche, wie bishero aus Uebereilung ist übersetzt worden; nein! sondern Antesignanus hat, wie alle alte und neue gute Wörterbücher beweisen können, unter andern Bedeutungen, welche in das Kriegswesen gehören, auch diese: Ein Mann der in seinem Stande jedem vorgeht, und welchem keiner vorgehen darf; celui, qui va devant, wie Calepin in seinem alten großen Wörterbuche übersetzt hat. Nun geht mir zwar mein Oberhaupt auch vor, das ist wahr; aber man kann den Satz nicht umkehren; das ist: nicht jeder der mir an Rang vorgeht, ist mein Oberhaupt, das mir Befehle vorzuschreiben hat, und denen ich gehorchen muß. Und dies ist hier der Fall. Ehrerbietung (reverentia) und Gehorsam (obsequium oder subjectio) ist im Kirchenrechte zweyerley. Ehrerbietung habe ich dem

Papste erwiesen — bin es auch schuldig gewesen — aber nicht Gehorsam, welchen er auch von mir nicht verlangt hat. Der Genitivus religionis christianæ (überhaupt ein schwerer Casus in der ächten lateinischen Sprache) muß übersetzt werden: in der christlichen Kirche, und zeigt den hohen Rang des Papstes unter den christlichen Geistlichen an, den ihm kein Erzbischoff von England streitig machen kann. Vielleicht hat hier die Unwissenheit in der lateinischen Grammatik, und der Mangel der Einsicht, in den wahren Unterschied der deutschen und der lateinischen Sprache weit mehr irre geführt, als das Wort Antesignanus. Ich habe also den Papst nicht für das Haupt der christlichen Kirche erklärt, — und wie könnte ich dies? — sondern ich habe ihm den Respect erwiesen, den ich ihm, auch als Protestant, schuldig bin, wenn ich nicht ein Grobian seyn, und also der Kirche, zu der ich gehöre, Unehre machen will. Ich habe ihn an den hohen Rang, den er unter der Geistlichkeit hat, erinnern wollen. Darf ich dies nicht? —

4) Dieser Ausdruck ad tollenda mortalium incommoda, welcher, aus einer lange im Herzen verschlossen gewesenen Feindschaft, zu einigen Ausfällen in solchen öffentlichen Vorträgen, wo Verdrehungen am wenigsten Platz finden sollten, Anlaß gegeben, die ich als Fehler des Verstandes gerne und willig vergebe, bezieht sich auf das viele Gute, welches

ein

ein Papst, wenn er will, stiften kann, und schon viele gestiftet haben, besonders in Wissenschaften und Künsten. Was für große Dinge haben zum Exempel Julius II. Leo X. u. a. für die Künste und Wissenschaften gethan? Daß der Ausdruck so allgemein und erhaben klingt, welches mein Gegner in der saftlosen Antwort auf das Sendschreiben nicht verstanden; so wie auch das Wort salus von einem Andern mit incolumitas verwechselt worden ist, wie Unwissende in der Latinität gerne thun: kömmt von der Hoheit der Person her, an welche die Rede gerichtet war. Zwischen dem Glückwunsche an einen gemeinen Mann, und dem Glückwunsche an einen Souverain, muß Unterschied seyn. Auch in Dedicationen an große Herren nimmt man oft den ganzen Erdkreis, über welchen kein Fürst allein zu gebiethen hat, und versteht darunter das Land, welches der Monarch beherrscht. So ist auch das vermuthlich zu Irrungen Anlaß gegebene mortalium zu verstehen. Wie sehr sich aber die unberufenen Tadler hier geirret haben, will ich noch aus einem katholischen Schriftsteller, nemlich aus der schönen Vorrede beweisen, welche an der selten gewordenen Ausgabe des Theophylactus steht, und die zu Rom 1542. auf Kosten Paulus III. gedruckt worden ist. Daselbst heißt es unter andern so: Plane hoc beneficium, quantumcunque est, quod certe maximum est, Pauli III. divinæ virtuti debetur, Pontifex benignitate insignis, *natus ad tollenda*

huma-

humani generis incommoda veterem consuetudinem servat, excitat bonas artes quovis sumtu, quovis praemio, facit, ut qui Pontifices beneficentiae laude celebrantur, eos hac aetate minime desideramus. Der Mann, welcher dies geschrieben, hat an nichts anders als an Wohlthätigkeit und Beförderung der Künste und Wissenschaften gedacht: und ich mit ihm!

5) Darunter habe ich Se. Churfürstliche Durchlaucht von Trier verstanden, durch Höchstdero Invitation es geschehen ist, daß Se. Heiligkeit geruheten, den Weg Ihrer Rückreise von Wien, über Augspurg zu nehmen, und durch Höchstdero gnädigen Vorschlag es auch geschah, daß Pius die Stadtbibliothek betrat. — Kann doch nicht umhin, der in Göttingen von dem damaligen Prorector, Hr. Hofrath Gatterer, bey Gelegenheit dieser Reise, gehaltenen Rede, die gedruckt worden ist, unter dem Titel: De seculo Hildebrandino, wo der jetzige Papst als ein Gegensatz, mit vielen Lobeserhebungen angeführt wird, hier auch Meldung zu thun, wie auch des bey eben dieser Gelegenheit von Hr. Hofrath Heyne geschriebenen schönen Programms.

6) Dies wird im Lateinischen und im Italienischen durch das Küssen der Füße ausgedruckt; ein gewöhnlicher Ceremonial-Ausdruck. Meines Wissens ist dem Papste Pius in Augspurg von keinem

nem Menschen der Fuß geküsset worden; am wenigsten auf der Stadtbibliothek, wo, obgleich die beyden rothsammetnen Stadtseſſel hingeſtellt wurden, Sich weder Se. Heiligkeit, noch Se. Churfürstliche Durchlaucht von Trier niederzulassen beliebten. Der Papſt aber muß, wenn das Ceremoniel des Fußkuſſes geschehen soll, sitzen. Se. Heiligkeit saßen auch da nicht, als ich Tags darauf, die Gnade hatte, Höchſtdenſelben im Cabinette meine allerunterthänigſte Aufwartung zu machen; sondern hörten mich stehend am Tische an. Daß meiner Frau an eben dem Tage das Anerbieten geschah, mit mir, in die Fürſtbiſchöffliche Residenz kommen zu dürfen, wo sie in dem Vorzimmer mit hundert andern Perſonen, dem Papſte die Hand zu küſſen die Ehre hatte; iſt Wahrheit; aber daß sie dem Papſte den Fuß soll geküſſet haben, iſt die in einer gedruckten einzeln Antwort auf das anonymiſche Sendſchreiben ſtehende Lüge eines dummen Calumnianten, der nicht weiß, daß auch einer Fürſtinn der Eingang in das päpſtliche Cabinet, in solchem Falle, verſagt wird. Ueberhaupt scheint es, daß man im Schwabenlande, aus Mangel an Aufklärung, der Lügenhaftigkeit mehr ergeben sey, als in andern Ländern. Mir iſt es wahrlich kein Vergnügen, über solchen Sachen meine edle Zeit zu verliehren: allein, das Publikum sieht daraus, was für Leute unter meinen Feinden sind. Wer Italieniſch verſteht, wird

wissen,

wissen, daß es in dieser Sprache eine alte Mode ist, fast alle Briefe zu schließen, mit den Worten: Bacciandole umilisimamente le mani, mi dichiaro; in den Briefen aber an Päpste wird dafür geschlossen: a. V. Santità baccio umilisimamente li santisimi piedi. So schließen auch hohe Personen ihre Briefe an den Papst. Dies ist einmal Curialstyl, welchen ich beobachtet habe. — Ueberhaupt, wer damals auf der Bibliothek gewesen ist, und einen Funken von Conduite besitzt, dem wird es gewiß leid thun, daß die große Freundlichkeit des Papstes, und seine Herablassung, in wenigen Wochen darauf, von gewissen Personen, mit einer solchen unanständigen Aufführung begleitet wurde. Dazu aber hat der Verfasser des Sendschreibens mit seinen dazu gehabten schwäbischen Sprachrohren die größte Veranlassung gegeben, welches ihm doch niemals, wenigstens nicht zu der Zeit, da man wohl Feindseligkeiten aufgeben muß, eine angenehme Erinnerung seyn kann, — denn, wenn es auch die ganze Welt nicht erfährt, wer der Verfasser des Schreibens ist: so weiß es doch Er selbst, daß Er es ist: und dies ist genug!

Non placuit reticere: *ne quis modeſtiam in conſcientiam duceret.*
     SALLUSTIUS de Bello Jugurth. c. 78.

NB.

NB. Von dieser zweyten Auflage der Antwort auf das Sendschreiben sind auf Anrathen eines auswärtigen Gelehrten, von bewährter Rechtschaffenheit, und auf meine Kosten, nur 100 Exemplare abgezogen, und mit meinem Petschaft vorgedruckt, zum Privatgebrauch für auswärtige Gönner und Freunde, statt einer Abschrift, verwendet worden. Ohne Petschaft ist kein Exemplar als ächt zu erkennen.